FSC
www.fsc.org
MIX
Papier aus ver-
antwortungsvollen
Quellen
Paper from
responsible sources
FSC® C105338

Herstellung und Verlag:
BoD - Books on Demand, Norderstedt,
ISBN 978-3-7494-8384-6

DONEGEL SMITH

Mann,

hast DU _EIER_!

GIB mir die

!!!

"Man, do you have <u>eggs</u>!

Give me the

magnifying

glass!!!"

Beispielmänner wie Trump, Putin, Erdogan, Kim Jong Un, BREXIT Johnson + viele Politiker und viele männliche Staatsführer, neben vielen männlichen Wirtschaftsführern, dieser Erde rühmen SICH und "IHRE DICKEN Geistes-, Millionärs- & Erfolgs – EIER!

Ihre Frauen indes - rufen IHNEN nur zu:

Mann hast DU **EIER!** GIB mir die

Wir Menschen haben ein Problem. Die Deutschen haben auch ein Problem. Der Russe ist Ihnen zu rot. Der Amerikaner zu bleich. Der Chinese zu gelb. Der Afrikaner zu schwarz! Die Nazis Deutschlands und dieser Erde sind zu braun. HALT sage ICH!

Jeder Ausländer in Deutschland wird bei uns mit "miesen" Gedanken und "furchtbaren Einschätzungen" tituliert. Doch Menschen in Deutschland bedenkt endlich mal in Eurem geistigen Kleinhirn Eines. In 193

Ländern dieser Welt – ist der DEUTSCHE ein „Ausländer". <u>Schon mal darüber nachgedacht???</u>
Mit der Menschheit stimmt etwas nicht mehr!
Es ist der verschwommene Blick auf sich SELBST!
<u>MENSCH ist Mensch</u>, nichts zählt mehr!!!
Wie können wir das Ego ändern?
(HCL + H2SO4 = gelöstes Problem)

<u>SATIRE – überzeichnet natürlich das realistische Bild unserer Gesellschaft. Ich habe extra die SATIRE für dieses 8. Buch gewählt. In der überzeugten Hoffnung, dass die SATIRE dieses Buches nicht von der Realität des Lebens und der menschlichen Gesellschaft eingeholt wird.</u>

Es kann mir keiner vorwerfen, ich würde in diesem Buch irgendjemand auf die Füße treten?
Ja – natürlich – ist das der Zweck dieses Buches, um den Menschen das Aufwachen aus ihrem alten Trott zu erleichtern. Es kann doch auch nicht sein, dass wir seelenruhig

zuschauen, wie ALLE – die etwas zu sagen haben „glauben", in einem Keller des Tiefschlafes zu liegen, während sich die Welt in den Untergang – aus sich heraus bewegt.

Jetzt heißt es – **AUFWACHEN.**

Feuchte Tagträume können die Pubertierer dieser Welt haben.

Alle schlafen vor sich hin, trotzdem sie unterwegs sind. Sie können nur noch einarmig – mit dem Handy in der Hand durch das Leben gehen und stehen den Anderen im Weg. Einarmige Banditen nennt man abschätzig einarmige Spielautomaten, wo man nicht nachdenken muss. Warum werde ich das Gefühl nicht los, dass es bei sehr viel jungen Menschen zu einer Transformation in Richtung eines „einarmigen Banditen" sehr stark hin tendiert.

Doch auch die älteren Generationen sagten früher vor 30 Jahren: Die Computer sind nichts für uns. Und heute besuchen die Rentner Computerkurse in den Altersheimen oder für die Kommunikation mit den Enkeln. Smartphones ruhen fast in jeder Hand und machen uns zu Sklaven der Technik. Schon haben wir wieder eine Brücke zu den Eiern, da es die Frage aufwirft:

Wer hat Mut und die Eier - genug zu sagen, ich lass das Handy die nächsten 4 Wochen in der Tasche stecken. Gerade in einer Gruppe von aufstrebenden Geschäftsleuten, die meinen - je größer das Smartphone in der Hand umso bedeutender sind SIE!
Was für eine Fehleinschätzung!

Es kann schon manchmal vorkommen, dass uns Männer begegnen, in einer Art und Weise, welche sich nicht erklären lässt. Sollen sie den Müll rausbringen, wird sich gern gestritten. Heißt es aber „der Motor hat 150 PS", dann gibt es aber schon ein zustimmendes Grunzen wie in einer bekannten TV Serie der 90er Jahre: „Hör mal wer....."

Aber mit dem Gebaren muss man zu Tricks und Kniffen greifen. Nun werden die Frauen sich sicher wundern, warum ausgerechnet ich zu solchen Aussagen fähig sei. Mir geht der Testosteron – Zirkus auf die sogenannten *Eier* in „zweifacher Hinsicht". Doch dazu später vielleicht mehr!

Es muss doch Wege geben, einen Mann dazu zu überreden, seinen Anteil an einer Beziehung oder Ehe dahin gehend zu begreifen, dass es nicht damit getan ist eine Frau nur oft genug zu bespringen. NEIN – es geht darum, 50% seines alten Lebens abzugeben, um in einer Ehe oder Beziehung aus zwei mal 50% - ganze 100% Ehe zu erzeugen.

Nein Männer da geht Euch nichts ab.

Im Gegenteil – männliche Würde gewinnt Mann dadurch, dass er sich voll und ganz auf die neue Frau in ihrer Schönheit und Klugheit in der Familie einlässt. Ohne sich von dem dummen Gerede der umstehenden Verwandtschaft beeinflussen zu lassen und sich zu unterwerfen.

Frauen sind die Menschen auf dieser Erde, welche dem Mann seinen Stolz „Kinder" erst schenken können. Vergesst das nicht!!!

Liebe Frauen, nun kommen wir zu einem heiklen Thema. Frauen sind die Menschen, welche Männer gern aus ihrem alten EGO heraus nicht so toll bewerten. Doch die Muskeln und die Kraft ein Kind zu gebären haben sie schon. Da würdet ihr Männer euren Schwanz aber so was von einziehen, dass die Menschheit schon längst ausgestorben wäre. Es ist Zeit geworden, einem neuen „Frauenbild" Platz zu schaffen, dass von einer gleichberechtigten Art und Weise des Umgangs miteinander geprägt wird. Um Gottes Willen ein Feminist bin ich nicht, nur sehe ich, wohin wir gerade in diesen Tagen des Jahres 2019/20 mit den Egomanen dieser Welt (Männer wie Trump, Putin, Erdogan) auf den Untergang zusteuern. Bei den Tieren werden den alten Schafböcken die EIER weg kastriert und schon hat die Herde Ruhe. Funktioniert das auch bei der Menschen – Hammel – Herde? Nur eine Frage der Zeit. Dann müssen wir uns entscheiden.

So weiterwurschteln oder uns einem Umdenkprozess unterwerfen. Alle hätten etwas davon. Die Frauen wie die Männer.

Doch ich will nicht undankbar sein. Viele Männer die heute Staatsmänner sind, in Kanada, in Frankreich oder auch Österreich haben schon gute Züge angenommen. Sie sind bereit unsere Erde langfristig an die Strategie des Überlebens heran zu führen. Der ehemalige amerikanische Präsident O. war das Allerbeste, für die Zeit seiner Regentschaft und die Nachwelt seiner Regierungszeit. So konnte die Welt lernen, wie man es um keinen Preis machen sollte wie der Nachfolger T. Hoffen wir nun auf schnelles Erkennen der menschlichen Fehler und seine Korrekturen. Durch Menschen oder die Natur in der natürlichen Auslese des Alters.

Weiter geht es mit der Frage nach den dicken Eiern?

Frauen müssen sich jeden Monat mit den sogenannten dicken Eiern ihres Körpers beschäftigen, um die Grundlage für Leben zu erschaffen. Männer dagegen wissen oft gar nicht, wie ihnen geschieht, wenn die beiden Pflaumen zwischen ihren Beinen zu schmerzen beginnen.

Doch Forscher haben herausgefunden, dass bei der Zellteilung nach der Befruchtung der Eizelle unsere Verschiedenheiten zwischen Mann und

Frau erst später eintreten wird in der 6. SSW. So dass wir uns in unseren Grundzügen der Kindertage eher gleichen.

In der griechischen Mythologie wird berichtet, dass es „Hermes" der Götterbote nicht unterlassen konnte, sich der „Aphrodite" zu nähern und bei ihr zu sein. Dies hatte Folgen. Ihre Verschmelzung, verbotener Weise prägte einen Begriff für Menschen, welche die weiblichen und die männlichen Merkmale der Geschlechter in sich tragen. Diese Menschen nennt man aus der Mythologie der Griechen heraus „Hermaphroden".

Von Hermes und Aphrodite her rührend.

Sie sind selten, aber es gibt sie wirklich. SIE sind also unter <u>uns</u> – die „außerirdischen" oder die Hermaphroden! Welche Ironie des Schicksals ist damit verbunden, wenn wir nach außer-terrestrischem Leben suchen, doch SIE schon unter uns wohnen. Die „Boten" der Götter des Olymp!

Fürchten müssen wir uns vor ihnen nicht, doch müssen wir ihnen zugestehen, dass SIE in der Vollkommenheit ihres Seins – uns weit voraus sind.

Das macht aber nichts. Denn sie können uns helfen, dem neuen Zeitgeist Raum zu geben und somit unser Herz zu öffnen. Das hat Folgen für den Menschen selbst und für die Menschen in seinem Umfeld. Ich will es mit einem Alkoholiker vergleichen, welcher von „Allen" gemieden wird.

Da er stinkt, laut ist und sich nicht nach den vermeintlichen Normen unserer Gesellschaft richtet.

Doch es ist nur der zerstörerischen Kraft des Alkohols geschuldet, dass er so geworden ist. Und Tausende sterben jedes Jahr an diesem Volksgift. (70.000)

Doch wechselt er die Seiten und gewöhnt sich die zerstörerische Sauferei ab – kann „ER" so aus sich herauswachsen, als wenn`s kein Morgen mehr gäbe.

Diese wunderbaren Wesen verändern ihr Dasein auf so dramatische Weise, um später fast unerkannt durch das neue Leben zu schreiten. Im Außen wird sich einiges tun und das Innere lässt sie zu Persönlichkeiten reifen, denen man gern folgen will.

Ganz ohne aufgeblasenes Ego. EGO – drei Buchstaben auf dieser Welt ohne eigentliche Bedeutung. Doch in ihrer Art machen sie den Mann zum Macho. Den will keiner mehr haben. Nicht die Frauen von „Take me out!" noch die Frauen in den Disco`s bei den Ü 30 Party`s. Es ist vorbei mit dem eingebildeten Über - Ego. Nun muss Mann sich neu definieren. „Trainieren – stark sein – neu definiert auftreten" so lautet der neue Glaubensgrundsatz.

Leider funktioniert so etwas nicht nach den Methoden der Zahn - Fee. Einfach mal die guten

Wünsche unter das Kopfkissen stopfen und den Rest macht die Nacht. Ich kann den Männern und den Frauen in einer Hinsicht nur einen Tipp geben.

„Was immer Du tust, bleib selber Dir treu!"

Shakespeare oder Schiller als Gedankengeber ist dabei egal. Da der Satz in seiner Komplexität einfach stimmt. Machen wir uns nichts vor liebe Frauen und auch liebe Männer.

Was in unserer Hose los ist, geht niemand etwas an.

Ob nun „dicke Eier" oder eine große „M".

Vollkommen egal. Nur der Gedanke des gemeinsamen Lebens in Freude und Liebe sollte uns leiten. Wir haben ein Leben vor uns, welches von Ängsten und Nöten geprägt sein wird – wenn wir nicht umkehren und den alten Geistern die „rote Karte" zeigen werden. Es muss jetzt in uns etwas „Neues" zu schlagen beginnen. Unser Herz ist aus dem Takt geraten.

Der Takt der Welt aber auch. Unser innerer Takt ist aus dem Gleichgewicht geraten. Nun liegt es in unserem Interesse den Takt wieder herzustellen. Wie soll das gehen?

Die Kraft des mentalen Geistes kann dies bewirken.

Nicht durch die Berührung heiliger Gewänder, sondern durch die Kraft des Wohlwollens eines jeden Menschen – gegenüber seinem Mitmenschen.

Hat da nicht früher jemand gesagt – Mann - müsse Barmherzigkeit üben wie der Samariter? Nein Samariter – Geist ist zu wenig. In uns muss erst der Samariter – Verstand neu entstehen, etwas zu geben – ohne mit der Vorstellung hausieren zu gehen, dass man nun auch massenhaft zurück bekommt. Man tut es, um des Tuns Willen.

Daraus können große Dinge hervorgehen. Von denen jetzt noch keiner weiß, in welche

Richtung sich dies entwickeln könnte. Hineinspringen ist jetzt der Weg für eine erfolgreiche Zukunft. Loslassen müssen wir auch unsere Vorstellungen von schnellem Aufstieg und Reichtum. Es nützt uns auch wenig, wenn wir Haben und derjenige neben uns beißt vor Hunger ins Gras – trotz einer deutschen Wohlstandsgesellschaft. Mit einander Leben und Teilen kann eine Bereicherung sein. Dies erfahren gerade in den jetzigen Weihnachts- und Adventszeiten oft sehr viele Menschen die helfen oder sich für andere Menschen einsetzen. Sie haben das Herz am „rechten" Fleck und verschließen nicht die Augen vor den Problemen dieser Welt.

„Mann – hast Du Eier? Ich geb Dir meine 20er Lupe!"

Was für ein Spruch in diesen Tagen der neuen Gestaltung. Zukunft haben wir alle nur zu einem gewissen Grade. Denn unsere Lebensuhr ist schon vorgestellt. Am Tag unserer Geburt lag schon fest, wie alt wir werden könnten. Es liegt nun an uns dem Teufel ein Schnippchen zu schlagen und die Lebenszeit zu nutzen, als hätten wir das Doppelte zur Verfügung. So kann es ein sehr erfolgreiches, kreatives Leben geben. Im Stillen kann der Geist der Humanität besser wachsen, als wenn wir ihn an das Licht der Öffentlichkeit zerren. Heimlichkeit der Weihnachtszeit ist schön. Heimlichkeit des Lebens aber auch. Im Verborgenen können große Talente heranwachsen und gedeihen. Geben wir Ihnen „Allen" eine Chance. Holen wir sie an das Licht des Tages hervor und hoffen wir, auf die Reise eines neuen Stars. Auch wenn es oft nur eine Eintagsfliege wird.

Doch ich glaube an eine neue Entwicklung der Glaubensgrundsätze. Eintagsfliegen können in 24 Stunden ihres Seins, sich paaren, Eier legen, zu einer Vermehrung in großem Stil führen und auch noch galant sterben.

Wer kann das schon von sich sagen?

Sagen können wir über die Menschen eines!
Die Spezies Mensch hat sich seit 15.000 Jahren
aus einem Höhlenbewohner heraus weiter
entwickelt.
Wow – was für eine vergleichbare Situation.
Da tritt der Höhlenbewohner des Waldes in dem
Loch – vor das Selbige - in die Steppe - also
aufrecht gehend in die neue Zeit dieser Welt.

Vergleich: Haben Sie schon einmal so einen
armen Schlucker mit der Flasche vor den Füßen
schlafend irgendwo sitzen oder liegen sehen?
Und 3 Jahre später treffen sie den gleichen
Menschen wie verwandelt an. Sauber und
gepflegt strahlt ihnen ein Gesicht der
Zufriedenheit entgegen. Wo ist das arme
Würstchen hin? Es gab eine dramatische
Wendung und Entscheidung! Leben oder
Sterben hieß der Zwiespalt mit
Veränderungspotential.

Asche und Staub wurden eingetauscht in Feuer, Energie und den neuen Flug des Phönix in die Sonne. Ohne sich dabei die Flügel zu verbrennen, wie einst der arme IKARUS.

**Mann – wo sind Deine EIER?   DU brauchst eine Lupe!**

Kann auch heute zu einer Erinnerung führen. Haben wir kein Feuerzeug dabei, aber ein Eisloch in der Wildnis könnten wir eine Lupe formen und zu Feuer werden lassen. Eis zu Feuer – Mann und Frau – Reich zu Arm – Arm zu Reich – Kontraste mit einer ungeheuren Kraft der Gestaltung. Nutzen wir diese Energie, für unser Dasein und gestalten wir damit unsere Zukunft neu. Den alten Strick loslassen an dem wir immer noch festhalten.

Ich weiß, dass es nicht einfach werden wird. Doch scheint es in manchen Fällen die einzige Chance zu sein, höher zu fliegen als unser altes EGO es zulassen wöllte.

In dem Titel verborgen gibt es ein wichtiges Instrument. **<u>DIE LUPE!</u>**

Wir können mit einer Lupe unsere Sehschwäche ausgleichen, besser lesen, vergrößern, Feuer machen, Löcher in Stoff brennen oder auch forschen.

Das wichtigste an einer Lupe ist aber der Effekt, dass ich mit einer Lupe Dinge aus der Verborgenheit in die Sichtbarkeit führen kann. So wurden die Planeten aus der Ferne in die Nähe gerückt. Unser Universum wurde für uns verständlicher. Hubble – Teleskop ist der Schnittpunkt von der Erde zu den Sonnensystemen in unserer Nähe und in unserer Ferne. Doch am Ende wissen wir nun – das Universum triftet auseinander wie die Eisschollen eines Frühlings – See`s. Hei was war das früher ein Spass den Jungen zu zuschauen, wenn sie im Frühling mit den Eisschollen des Sees umher gondelten wie die Gondeln in Venedig. Doch die Gefahr des Baden

Gehen ist nicht mehr so groß. Heute gehen wir lieber in ein warmes Schwimmbad baden, wo die Knochen durch Wärme vom Stress und Schmerz befreit werden. Einsiedler in Alaska müssen da schon mutiger sein und mit ihrem warmen Wasser vor die Türe treten. Dann auch noch nackt sich das warme Nass drüber zu schütten erfordert einen gewissen Mut. Ich ziehe meinen Hut.

Die Eier sind ja schon weggeflutscht beim vor die Türe gehen. Kein Wunder würde - ich auch so machen. Mut und Wut sind ihrem Klanglaut sehr ähnlich. Doch von ihrem Bedeutungslaut ist das schon noch mal ein großer Unterschied zu spüren.

Haue ich aus <u>Wut</u> einem in die Fresse, wird mich dies Ärger kosten. Gehe ich nackt mit <u>Mut</u> in die Oper, wird man mich vielleicht fragen – ob ich den Knirps auch abgeben möchte. Ironie des Schicksals.

„Mann" kann es niemand recht machen.

„Frau" auch nicht. Es sei denn, man ist so bei sich, dass einen die Meinungen der Anderen nicht interessieren.

Das ist wahrscheinlich das Geheimnis unseres „Seins". So mit sich im Reinen bleiben, dass es uns egal ist, was andere Menschen denken und reden.

Doch wer kann sich dem Ehrgeiz unseres Ego`s entziehen? Fast niemand in unserer Gesellschaft möchte sich dem einfachen Sein hingeben. Unser Streben nach Mehr... Mehr ... und ...Mehr...nützt uns nicht m e h r viel, wenn die Erde in all ihren Facetten umkippt. Dann ist das Geschrei groß.

Dreh – rum – bum schon biste weg! Dreh– rum – bum in Sarges Eck! Heulen und Zähneklappern sofern vorhanden in des letzten Mannes Kiste.

Ene, meene miste, es rappelt in der Kiste, eene, meene Meck und DU bist weg! 2 Meter tief und

80 cm breit sind die letzten Maße auf der Erde, welche uns angepasst werden. Da kannste machen nix, da musste gucken zu!

Es wird ein schönes Leben geben, wenn wir noch einmal umdenken und uns dahin gehend bescheiden, von den Träumen zu realen Dingen um zu steigen.

Mann – hast Du EIER. - Gib mir die Lupe!

Geboren um zu sterben von der ersten Minute an gesehen – rückwärts geschaut und in rasantem Tempo zeitgeschichtlich gesehen wieder zu Staub zerfallend. Das geht so schnell und 80 Jahre sind dahin. Mit welchem Recht gibt uns Gott so wenig Zeit? 70 Jahre oder 80! Doch wenn wir umkehren wollen und so viel Zeit ist schon vergangen, dann rennen wir der Lebenszeit buchstäblich hinterher.

Zeitkonto Leben ist nicht auf buchbar. Die Buchhaltung ist unbestechlich. Petrus ist auch nicht vergesslich und die anderen Apostel sind dem alten Wahn verfallen, dass die Menschen so wie so nicht für die Erde taugen. Lasst Euch nicht täuschen. Apostel - es gibt die Menschen, welchen die Erde und die Menschen sehr am Herzen liegen. Wenn man sie lässt. Ich gehöre dazu! In der Gnade Jesu Christi zur Umkehr bewogen und glücklich mit seinem neuen Leben und Sein. Dies will ich nutzen auf all die möglichen Arten und Weisen die es gibt!

Gott gebe seinen Segen dazu und die Kraft zu erkennen, welche Wege und Maßnahmen angebracht sind! Ich kann und werde nicht umkehren, in ein Leben voller Angst und Sorgen nur weil es leichter erscheint am alten Zopf fest zu halten. Dafür bin ich schon zu weit gegangen. Und Du?

Wo hast Du denn Deine Eier verloren?

Im vielen Gewichte stemmen liegt eine große Gefahr. Flutsch können einem die „Liebespflaumen" durch die O-Beine sausen.

Der Macho steht dann da, wie ein begossener Pudel. Das EGO will sich unbedingt stark und verführerisch darstellen. Ergebnis: Die Jungfrau von Orlean`s Gnaden kämpft nun ohne Rüstung, Spieß und Munition. Das ist aber schade!

Nun ja – manches kleine Eberschwein muss auch schon früh erfahren, wie es ist - seine Eier zu verlieren. Und doch wird es ein saftiger Braten.

Nur der Geschmack fällt besser aus. Dafür muss das Tier nun schneller wachsen, wie ein Doping Sünder.

Ist diese Welt eigentlich in irgendeiner Weise noch in Ordnung? Drehen jetzt alle langsam durch?

Gibt es Hoffnung oder einen Lichtschimmer?

Ja – wir haben eine wunderbare Welt. Die Menschen hatten 2012 die Chance sich für ein Leben in der neuen Energie zu entscheiden.

Diese Energie des „neuen Bewusstseins" kann uns dazu bringen, anders an die Dinge des Lebens heran zu gehen. Darin besteht die Chance für die Menschheit. Nicht das große Geld wird alle überrennen. Da wären viele überfordert, wie bei plötzlichen Millionären. 5 Millionen sind viel Geld. Doch sehr viele Menschen können mit dem plötzlichen Reichtum nicht umgehen. Da sie es von vorher nicht gewohnt waren. Stell Dir vor Du hattest nichts. Jahrzehntelang nichts. Und da ist es geschehen. Millionen sind da und die Träume fliegen hoch. So tief fallen aber auch all die, welche sich nicht beraten lassen. <u>Da brauchst Du Eier!</u>

Millionäre sollten sich im Einzelfall eine seriöse Hilfe suchen. Nicht die Elenden Abzockertypen.

Nein – ehrliche Berater für Finanzen und Absicherung des eigenen Lebensstandards.

Einfach mal rechnen – wie viel 5 Millionen durch ein gutes Teil im Monat zu verteilen ist.

Schon hast Du eine Ahnung, was mit deinem Geld passieren soll. Vorstellungen und Pläne sind der Schlüssel zum Glück, wenn das Geld über Nacht auf der Matte steht. Musst du vorbereitet sein. Pläne musst du haben, überdacht will dein neues Leben geplant sein.

Nicht umsonst heißt es schon in der Bibel: „Wenn der Hausherr wüsste, wann der Dieb kommt, so würde er ihn nicht hinein lassen" Dieser Spruch bezieht sich zwar auf die Ankunft und Wiederkehr Jesu Christi, hat aber doch eines gemeinsam. Wir müssen uns für den Erfolg in unserem Leben schon frühzeitig Gedanken einfallen lassen. Nichts wird uns geschenkt oder fällt uns in den Schoß.

Doch die Chancen sind unwahrscheinlich groß. Vielleicht können wir auch Dinge erreichen, welche wir in einem normalen Dasein nicht erfüllen könnten. Besondere Herausforderungen prägen uns und unseren Geist zu neuen Wegen. Diese Wege am Ende aber auch zu gehen, fordert von uns ein „Loslassen" der besonderen Art ab. All die Dinge, welche uns vertraut erschienen, müssen wir gehen lassen. Damit wird Platz in unserem Geist, anders an die Aufgaben heran zu gehen. Ich frage mich seit 50 Jahren – was ich tun soll, um das Richtige für den Erfolg zu tun. Meine Frau sagt „nichts!". Das begreife ich irgendwie nicht. Da man doch auf dieser Welt immer irgendetwas vorweisen muss, um zu einem Erfolg zu kommen, die Leiter hoch zu fliegen oder an Reichtum zu gelangen. So verstehe ich nicht, dass ich nichts tun muss für meinen Erfolg oder „sogenannten Reichtum". Ich vermute wohl recht, dass es sich um einen anderen Erfolg und Reichtum handeln möge, als ich es von dieser Welt gewohnt bin. Der Geist spielt da eine entscheidende Rolle im mentalen Sektor. Ausstrahlung kann auch eine Rolle spielen und ob man zu sich steht /wie man ist. Wie man richtig ist?

Ich weiß, es nach 7 Büchern und einer ständigen Hinterfragung immer noch nicht. Wahrscheinlich ist es damit zu erforschen einfach dem Geist und der Zeit ihren jeweiligen Platz und Raum frei zu geben.

Die Entwicklungen, welche wir für uns im Morgen schon erledigen wollen, mögen ihren Platz neu finden, zu der Zeit im richtigen Moment. Wir können nicht unserem vorbestimmten Zeitplan voraus greifen. Die Lupe kann in unserem Leben eine große Rolle spielen. Sie kann uns die Haut verbrennen und uns unsere Hände wärmen. Aber in der Not kann sie durch ihre Form das Feuer in unser Herz brennen oder aus dem Eis Feuer gebären. Ganz wie wir es für richtig halten. Die Kronjuwelen des Mannes sind sein ganzer Stolz. Doch was passiert damit, wenn der Stolz zu schrumpfen beginnt? Mit 50 plus geht vieles dahin zurück, woher es gekommen ist. Es zieht sich sozusagen zurück ins

Innere unseres Seins.

Diamanten entstehen unter der
Zusammensetzung von Kohlenstoff, hohem
Druck und Zeit. Die Juwelen des Mannes
entstehen durch Genetik und die Teilung des
Zellkerns mit Hilfe unserer Gencodierung. Was
wollen wir unserem Leben eigentlich antun?
Welches Ziel können wir erreichen in unserem
Leben? Von welchem Ziel sollten wir Abstand
nehmen? Alles was dem Menschsein im Wege
steht sollten wir lassen. Das ist gar nicht so
einfach in einer Welt von Bewertungen. Und
einer Welt voller Begüterungen. Jeden Tag
werden wir mit Reichtümern im Fernsehen
geködert. Begehrlichkeiten werden geweckt.
Interessen sollen uns dazu verführen uns dem
Pfad der Falschheit anzuschließen. Doch
diejenigen welche das nicht wollen, sehen
kaum eine Chance sich ein Leben mit
befriedigendem Wohlstand aufzubauen. Gerade
kommt mir eine wichtige Erkenntnis. Ich glaube

es kommt darauf an, sich ein Ziel zu setzen, welches man auch leicht erreichen kann. Danach kommt das nächste Ziel und sein Erreichen. Wenn man diesen Glaubensgrundsatz neu verfolgt, ist der Weg immer nur noch halb so schwer, <u>als beim vollen Erreichen des nicht erreichbaren Zieles</u>. Wie soll ich mir Ziele setzen, wenn im Alter von 50 Jahren man schon einige Jahre erlebt hat, in denen es weiß Gott nicht so gelaufen ist. Es scheint so, als müsste man sich dazu entscheiden, ein Leben mit Einfachheit zu führen. Einfach aufstehen, einfach frühstücken, einfach leben, einfach den Tag gehen lassen. Warum muss ich eigentlich immer ein Ziel verfolgen?

Was treibt mich eigentlich um?

Ist es Angst versagt zu haben? Ist es Angst niemand zu sein? Ist es Angst nichts erreicht zu haben? Ist es Angst zu verblöden und zu verkalken?

Was ist es wirklich?

Ich werde die Antwort finden!

Nur noch eine kleine Weile der Geduld und des nicht Nachlassens und schon kann sich die Ernte einschleichen. Es muss eine existenzielle Sache sein.

Doch sollte die Lebensfreude immer die erste Priorität haben. Ohne Lebensfreude kein Leben. 2019 kurz vor meinem 50. Geburtstag, sagt man mir, dass der letzte Weisheitszahn doch raus muss.

Ich war mir meiner Weisheit gar nicht bewusst. Und in der Zeit des Genesens von der Weisheitszahn – OP kommt mir ein Gedanke, der mich umtreibt. Ich muss mich ausruhen, um der Narbe im Mund mit Schweigen das Heilen zu ermöglichen. Geduld für 5 – 6 Wochen der vollständigen Mundkaugenesung stehen erst noch an. Und in dieser Zeit versteht man erst, wie wichtig kleine Dinge sind. Eine Nacht ohne Schmerzen im Zahn – göttlich. Ein Spaziergang in der Sonne über die Blumenwiese ohne

Schmerzen – herrlich. Kartoffelbrei löffeln – super.

Verstehst Du jetzt worum es geht?
Das Leben in seiner Einfachheit kann sehr schön sein. Alles was wir uns erträumen hingegen, ist oft nur eine Illusion. Wenn in mancher Doku die Millionäre sagen: „Dafür haben wir sehr hart gearbeitet!" kann ich nur lachen. Haben denn die Menschen mit Niedriglohn nur da gesessen?
Es ist unverfroren, so zu werten. Der studierte Akademiker in seiner Selbständigkeit, hat immer die Möglichkeit sich selbst seinen Stundenlohn zu errechnen und sich selbst zu bezahlen. Der arme Arbeiter oder Angestellte hat diese Möglichkeit nicht. Es ist der dumme Wille der deutschen Gesellschaft, immer einen Anreiz zu schaffen, die Gesellschaft in „klug, reich und schön" zu spalten.
Hast Du Abitur, bist DU klug und hast automatisch mehr Geld zu verdienen. Sollen

doch die 10 Klässler Dir die Schuhe putzen. Da können sie wenigstens nichts falsch machen.

Hohn und Spott trägt nicht zu guten Dingen bei.

So kommen sich dann auch die Menschen in der Welt oder im Osten Deutschlands vor. Doch die Eitelkeit des „Westdeutschen Machos" wird sich an einem Tag des Lebens rächen. Seinem Todestag allein in die Kiste fallend und der Gnade Gottes angewiesen sein.

„Mann hast Du Eier, gib mir die Lupe!"
steht für alle Machos dieser Welt.

Trump, Putin, Erdogan, deren Leben schief gelaufen ist.

Hätte man diese Pöpelbuben in der Jugend mit viel Liebe und Fürsorge bedacht, hätten wir heute nicht mit diesen verstörten Hirnen zu tun.

Der Krieg ist mit diesen „TROTZMENSCHEN" näher als zu Zeiten von 1922.

Wie kann das möglich sein? Welcher Mensch hält die eigentlich immer noch für regierungsfähig?

Möge die gesundheitliche Selektion des Alters uns eine große Last von den Schultern der Menschheit nehmen.

„Mann hast Du Eier, gib mir die Lupe!"

Das Ego mancher männlicher Bewohner dieser Erde ist erschreckend überdimensional.

Die Lupe – kann uns also etwas zeigen, was im Verborgenen liegt. Das kleine „Hälmchen der Hoffnung" wird schon in den O – Beinen eingeklammert. Die Hoffnung ist ein Zwerg. Mit der Kraft der Sonne kann sie Feuer und Wärme erschaffen. Als Bündelmaschine des Lichtes bringt sie die Vielfalt der Farben des Regenbogens zum Leuchten und zum Strahlen.

Die Lupe – ist der Schlüssel zu unserer Seele. Die Lupe zeigt uns das Leben im Verborgenen der Natur, aus der wir geschaffen sind. Es geht um mehr, als nur das gebündelte Licht. Es geht um das „sich erinnern wer man ist – und wer man sein will!" Oft rennen wir durch die Welt mit Träumen und Plänen, die so weit weg sind von unseren wahren Möglichkeiten. Natürlich sehen wir uns lieber in der Welt des Geldes, des Erfolges, der Reichen und der Schönen. Wer möchte schon gern zu den Hartz IV Generationen gehören?

Doch liegt in diesen Menschen eine Chance zu erkennen, dass sie das wahre, pure Leben besser im Griff haben als die unglücklichen Millionäre!

Unser Blick auf die Welt ist sehr differenziert und einseitig.

Wenn der Mensch glaubt, im Reichtum findet er sein Glück, so braucht er sich nur das Beispiel der F1 Rennfahrer anzusehen. Ein 1969er Jahrgang. Erfolgreich und reich ohne Ende. Doch ein Leben ohne Sorgen und Gesundheit im Kopf kannst DU dir mit 350 Millionen auch nicht mehr erkaufen. Oder Du bist tot. Das Geld nützt Dir allein gar nichts. Es macht nur zusammen mit einem guten Plan einen Sinn. Ansonsten ist MANN ein biblischer Narr. Von wegen größere Scheunen, Neue bauen, umsonst gut leben. Am Arm wird Dir das Leben einen Finger aus der Mitte des Lebens zeigen. Nicht ICH – bin hier verwegen. Sondern alle Menschen, welche diesen Weg – so falsch wie er war – genauso beschissen vorgegangen sind.

Dies sind nicht meine Gedanken, sondern die Beweggründe der Menschen um uns herum.

Träumen wir einmal kurz:

„Große Cojones, EIER im Spanischen (am Ende eher no tener Cojones = keine bis kleine Eier), geile Villa, 25 Millionen auf dem Konto" und KEIN Mensch will etwas mit einem solchen A zu tun haben, „der NICHT den Armen abgeben will!"

Möchtest DU der Nächste sein?

NEIN – weil es eine ungeheure Befriedigung darstellen kann, wenn man sieht, wie sich ein MENSCH freut, der 2 Euro zugesteckt bekommt. Der sich freut, einen Kaffee kaufen zu können, der sieht, dass er nicht übersehen wird. Das ist Mensch und unsere wahre Größe und Natur.

Lachen Sie mich nicht aus.
Probieren SIE es <u>jetzt</u> aus!

Und wenn Sie es erleben werden, schämen SIE sich ihrer Tränen nicht, da Sie an meine Worte denken müssen. Die Träne ist das Salz unserer Seele! Das Lächeln ist ihr Zucker!

Denken wir noch einmal an die Champus Millionäre. Sehen wir das Glas in Ihren Händen. Vergewissern wir uns dann der Tatsache, dass auch Wasser eine wichtige Rolle spielt. <u>EIER</u> werden im Süßwasser mit einer Prise Salz gekocht. Jedes Tröpfchen Süßwasser unserer Erde ist schon einmal durch den Körper eines Dinosauriers geflossen. Statistisch. Ob nun Tierdinosaurier oder Menschendinosaurier.
„Prost – Champus – Millionär – mit Deinem Glas – Dino - Pisse!"

Ich habe gerade ein Bild vor mir:

Eine Millionärsgattin liegt nackt auf dem Sonnendeck ihrer 30 MillionenYacht in der Sonne.

Ob nun in Monaco, Kalifornien, auf Baikal oder auf dem Starnberger See. Egal. Die Sonne bräunt ihren wundervollen Körper. Der Busen wird gebräunt für die nächste Abendparty am Starnberger Strand oder dem Sand von Monaco. Keine weißen Streifen behindern den Anblick der Botox – Hüften – Schenkel. Der Po ist gestrafft bis zum letzten Muskel durch -
Sagen wir mal: „hartes Training!"
Sie liest gerade durch Zufall die Rückseite „dieses Buches". Ob nun in Monaco oder Starnberg - kommt ein Crewmitglied wie bei den „Fernsehmillionären" (ohne

Namen) und bringt der blonden Traumfrau einen neuen Schluck kalten Champus. Das Glas blinkt in der Sonne. Sie hebt das Glas an den Schmollmund des Schönheitschirurgen, ihres Vertrauens und kostet das „kühle, teure Nass" während Sie von der Dinopisse in ihrem Glas liest. Laut prustend spritzt die Spucke in alle Richtungen über ihren Traumkörper. Die Sonnencreme kann sie sich sparen. Was für ein genialer Anblick. Sehen Sie meine lieben Leser, Phantasie ist die Küche unseres Universums. Sie haben alle mit gelacht. Bedauern kam nicht auf. Das ist die verrückte Welt unserer Menschen.

Ja, ich finde es gut, wenn in den Medien, Fernsehen oder anderen Kanälen über unsere soziale Struktur berichtet wird. Es ist wichtig zu sehen, dass nichts stimmt in unserer so schönen Arbeitswelt Deutschland. Hartz IV hat uns ein VW Manager gebracht, der inzwischen als vorbestraft gilt. Bayern München Chefs im Vorstand gelten alle als vorbestraft. Durch entsprechende Strafbefehle. Die Höhen sind unterschiedlich.

Und jetzt zu Dir armes Würstchen, welches Du doch nur einfach arbeiten und Geld verdienen willst. Damit Du Deine Familie mit den 2 Kindern ernähren kannst. Wie kannst Du es denn wagen, einfach so „un-vorbestraft" durch das Leben zu gehen. Und Dich umsonst 4000 Mal bewerben. So kannst Du doch nichts werden. Du musst bescheißen und abgucken beim Abitur, lieber studieren, statt einer Lehre, dich mit wenig Geld zufrieden geben und vor allen niedrigen Herausforderungen drücken und Dir nur von Anderen mit Geld genug den Arsch abwischen lassen. Dann wirst Du nicht Arbeiter oder Angestellter, sondern Wirtschaftsboss. Diese Herren bewerten dann <u>Dein Leben oder Lebenslauf</u> in 30 Sekunden und benehmen sich wie der „Biblische Pharisäer" Gott sei Dank, dass ich nicht so bin wie DER da in dem Lebenslauf, wie fleißig ich doch war! <u>Kotz</u> mir nicht an der Tüte vorbei Freundchen!

Das Leben ist eine bessere Sache, als sie so scheinen muss. Auch Du Hartz IV Mensch bist in diesem Buch nicht vergessen. Mit all meinen WORTEN kämpfe ich dafür, dass dem Menschen mit diesen Problemen mehr Ohr zugestanden wird. Deshalb muss ich aber den „sogenannten Oberen" auf die Zehen steigen, damit sich ein Gewissen entwickeln kann. Noten sind Zahlen ohne Bedeutung. Der Mensch ist das Ergebnis einer langen Kette von evolutionären Entwicklungen. Ob nun an der Erbse von Mendel bewiesen oder einfach durch eine menschliche Entwicklung in einer oder mehreren Gesellschaftsordnungen.

Ich kämpfe für die Ungehörten.

Auch ich war ein Ungehörter. HÖRT IHR MICH JETZT? Doch je mehr es mir an Gehör mangelte, umso mehr wurde meine Zunge spitz. Dies habt ihr nun davon. Wie Till Eulenspiegel halte ich Euch nicht einen Spiegel – sondern EUREN EIGENEN MENSCHEN SPIEGEL – vor. Mich würde schon am Morgen Übelkeit vor dem Spiegel überrennen, wenn mich wie ein Stein der Wahrheit mein SEIN duschen würde.

Habt ihr alle keine Angst? Nicht „ES" von S.K. ängstigt mich. NEIN – es ist der Mensch. Mit seiner verrohten Seele gegenüber dem SCHWÄCHEREN oder ÄRMEREN. AFRIKANER ODER SÜDAMERIKANER. Alle sind wir einst aus der Höhle gekrochen, haben uns am Hintern gekratzt und hofften, aus dem Loch schauend, auf das goldene Sonnenlicht. Licht und Wärme für Alle. Kriegsopfer, Wehrdienstopfer, Flüchtlinge, Menschen mit Behinderung. All diese Menschen gehören zu dieser Welt. <u>WER DAS NICHT VERSTEHT</u> – sollte gehen und sich einen Eisplaneten suchen.

Auf dieser ERDE ist nur Platz für Wärme, Liebe und Geborgenheit. Das mit der Versorgung der Menschen klappt dann auch.

Teilen ist nicht weggeben – sondern die Vorbereitung zum „großen Bekommen!"

Ich habe Gnade erworben! Und mit jedem Wort für die Menschen erbe ich ein größeres Stück Gnade für EUCH.
Meine Bitte ersetzt die Bitten der Menschen an die Menschheit, welche nicht für sich selbst bitten können.
Das ist kein Spendenmarathon.
Dies ist der Gedanke der – <u>EINEN</u> – <u>WELT.</u>

Trump, Putin, Erdogan können wir als die Tiere mit den größten Eiern ausschließen! Auch Kim Jong Un gehört nicht dazu.

DER STRAUSS legt die Eier, welche in Hühnereiern ca. 25 Stück entspricht. Das gibt einen dicken Pfannkuchen. Doch es geht auch um die Form der Energie. Ein Strauß läuft – groß geworden – 60 km schnell.

Mit einem Fusstritt spaltet er einer Raubkatze den Schädel.

Wie wäre es mit 4 Straußenmännchen als Staatsgeschenk für die oben genannten Herren? Aufgepasst Männer?

Die Straußmänner brüten die Eier von 10 Hennen alleine aus. Da hätten unsere Herren eine sinnvolle und friedliche Aufgabe. Und der Hintern bleibt immer trocken und warm. Nicht doch – so würde man ein falsches Signal aussenden.

DER HAHN - wäre wieder stolz ein Hahn zu sein. Und mit 10 Hennen dürfte er es auch noch treiben.

Wir müssen bei den no tener Cojones Männern schon eine saubere Lösung finden. An einen Stuhl binden und ihnen so lange schöne, intelligente Frauen zeigen, bis SIE es begriffen haben.

<u>AUFGEPASST</u>: Auf den Bällen dieser Welt präsentieren die Trinker des Dino Pisse Champus - ihren verzogenen Nachwuchs. Der sich mit dem „goldenen" Löffel (des reichen Namens) im Hintern sicher leichter auf den Schweizer Gymnasien und den „amerikanischen Universitäten" tut. Wir tun wirklich alles, um ihnen das Leben so angenehm wie möglich zu machen. Und der Dank ist dann, NEIN das

Zöglingskind will nicht in der eigenen Firma im Vorstand mit eigenem Porsche arbeiten. <u>Ja pfui!</u> – Boss Baby - <u>Wie kann es nur</u>!

Von frei sein und selbstbestimmt ist dann plötzlich die Rede. Wozu haben wir Millionärseltern denn nun den ganzen Aufwand betrieben – ohne das Kind zu fragen. Zöglinge haben doch keine eigene Meinung zu haben. Basta! Oder doch? Und die Firma – die Familie und unser Ruf UND - UND – UND – WIR – WIR - WIR. Wie kann es nur! Solcher proletarischer Undank. „ARBEIT ADELT – ich bleibe bürgerlich!"

<u>SATIRE zum Zweiten</u> – <u>überzeichnet natürlich das realistische Bild unserer Gesellschaft.</u>

Ich habe extra die SATIRE für dieses 8. Buch gewählt. In der überzeugten Hoffnung, dass die SATIRE dieses Buches nicht von der Realität des Lebens und der menschlichen Gesellschaft eingeholt wird. Hoffnung stirb BITTE zuletzt.

Ich möchte eine Lanze brechen, für alle jungen Menschen – die sich nach dem Abitur und im Studium – mehr im Alleinstudium – als im Professor-Begleit-Studium ihre Lorbeeren hart in stundenlanger Lernarbeit erkämpfen müssen. Ich ziehe meinen Hut vor Ihnen. Auch sie haben es verdient, dass sich ihrer geistigen Lage der Übersteuerung ihres Informationshirnes ein – MENSCH – annimmt. Sie könnten sich alle selbst äußern. Doch die Karriere in einem schicken Unternehmen mit den Champus Leuten und den dicken Portemonnaies wäre wohl dahin. Also wird jeder dieser fleißigen Lerner, seinen Weg still für sich gehen und hoffen, dass er diesen Höllenschlund Akademikerweg gut übersteht. Es gibt ja Schampus, Tabletten, Meth, Drogen mit denen Du besser lernen kannst und Dein Resthirn brauchst Du ja erst in 6 Jahren nach dem Grundstudium.

Fein – noch ne Runde. Feine Gesellschaft. Menschen ohne Hirn? ? ? ?

Es ist nur die SATIRE, welche so grasse Blüten treibt! <u>Nicht ich!</u>

„Mann, hast Du EIER - Du Stammtischbruder!"

Mädels passt immer auf!!!

„Was haben ein Stammtischbruder nach 5 Maß und seine Lederhose gemeinsam? Beide haben eine große „Klappe" und wenn sie aufgeht, kommen nur 2 „fränkische Wachteleier & ein Nürnberger Würstel" heraus.

Das ist die „erhoffte" Theorie!

Auf der Wies`n wird dann jedes Jahr die Theorie mit Praxis in der Natur voll unter Beweis „ihrer" Existenz gestellt. Das Ausleben solcher Beweislast kenne ich nur bei den Sätzen der Mathematik, wo an den Schluß der Satz gehört: Q E D – Quod Erat Demonstrantum - was zu beweisen wäre!

Ein wirklicher Stammtischbruder ist ein Mann von Geist und Welt.

ER ist galant.

ER weiß, was er will.

ER kann sich beweisen.

ER pisst sich nicht ein und reibts mit dem Hintern breit. ER weiß auch was bayrische Madeln verdient haben. So einen Rüpel jedenfalls nicht!

Schade um die Lederhose – hoffentlich nicht ein Trachten – Lieblingstück vom Trachten – Hütt`l und der Wies`n mitgebracht.

ICH REVIDIERE:

Stammtischbrüder – ihr könnt nichts dafür, dass der Prozentsatz des Bieres über euren Prozentsatz Hirn - nach 5 Maß darüber hinaus geht. <u>Das ist die reine Schuld des Alkohols.</u>

Schlimm wird es nur, wenn aus der Ausnahme – ein Dauerzustand werden würde. Das ist dann nicht lustig. Wer will schon mit einer Blechdose ohne Inhalt verheiratet sein. Also Madeln immer schön aufgepasst. Buben mit Vernunft im Kopf trinken – so kann Euch niemand Eure Ehre nehmen – <u>außer IHR selbst</u>. Dazu bedarf es in der Regel aber auch keines Alkohols.

Der Affe Fips fährt immer mit, wenn Alfons auch die Mutti tritt!

Ist Mutti heute nicht zu Haus, so muss der große Daumen raus.

Ihr seid ein wunderbarer Haufen – Stammtischbrüder!

Ihr haltet etwas hoch, was in Bayern seit den Königen Max und Ludwig II. fast untergegangen wäre. Eine bayrische Hochkultur. So verneige ich mich und ziehe den Hut, da Ihr es verstanden habt, ein Kamerad am Bierkrug und in „schwierigen Stunden der Orientierungslosigkeit" zu sein. Blöd nur, wenn die Orientierungslosigkeit auch ohne 6 Maß per Kopf im Leben Einzug hält. Schwankende Welt Du bist so schön, würd ich ins fremde Bettchen gehen! Also meine Herren, bemüht Euch in den nächsten Jahrzehnten der Wies`n Besuche sauber zu bleiben. So wie es sich für einen anständigen Stammtischbruder – Lederhosen Einpisler – gehört! Und pinkelt nicht in fremde Gärten oder fremde Anlagen, sowie schon gar nicht in fremde Frauen Ihr Ferkel.

Es tut mir leid, dass es gerade jetzt den Stachel des „schwarzen Humors" bei Euch in mein Hirn treibt. Doch ihr seid nicht allein.

Die – ich betone „Weiber" vor und nach dem Wies`n Besuch, stehen den männlichen Wies`n Ferkeln in NICHTS nach. Ich durfte beobachten, was das Wies`n Bier aus Frauen in ihrer Edelheit macht, wenn sie nach 5 Stunden von der Wies`n kommen. Dann pinkeln sie halt mal neben parkende Autos. Und scheren sich um ihren Hintern noch ihr Dirndl nichts. Vorbei ist es mit der Affinität des feinen Weibes. Hauptsache der Arsch wird wieder gut eingepackt und nichts vergessen. Jahr um Jahr, das gleiche Bild des verzweifelten Kampfes, einem

6,5 % starken Wiesenbieres zu widerstehen und - <u>wieder zu stehen</u>! Mal mehr und mal weniger erfolgreich. Siehe Leichenwiesen der Wies`n. Der Weibeskörper sollte halt nur maximal eine Maß trinken = 2 Flaschen Bier – und die Frau weiß auch noch um 1 Uhr nachts ihren Namen und ob sie ihre Unschuld noch hat oder nicht! Ab 1 Promille = 1,5 Maß wird da die Zuordnung des eigenen Lebens schwierig. Aspirin ersetzt niemals das eigene, klare Hirn im Kopf. Ihr werdet auch ohne schweren Kopf den Mann fürs Leben finden. Doch nicht im Wies`n Rausch. Da könntet ihr auch einen Hund nachts mit nach Hause nehmen, denn beide haben dann einen „haarigen" Hintern in dein Bett mitgebracht.

Ich möchte jetzt auf dieser Seite, nach fast 60 Seiten ungeschminkter Stichelei mich in sanften Tönen an alle Leser wenden. Seien Sie persönlich angesprochen, ehe es weiter geht.

Wir – müssen Reden!

Wir – müssen Sprechen!

Wir – müssen Nachdenken!

Wir – müssen Handeln!

Wenn Sie persönlich wirklich alles gelesen haben, ist Ihnen dann nicht schlecht und recht der Appetit vergangen? Haben die Chips wirklich noch geschmeckt? Wirkte das Bier nicht irgendwie recht fade? Denn alles in diesem Buch Kritisierte und Angestachelte - ist eine Realität. Die leider auch nicht besser wird, wenn wir

den Duschvorhang wie bei „PSYCHO"
einfach zuziehen. Es nützt nichts. Der
haarige Hintern bleibt. Die Hüftspecke
bleiben. Die falschen Verhaltensweisen
bleiben bestehen.

<u>WIR MENSCHEN – HIER und JETZT</u> –
bekommen mit diesem Buch die
Möglichkeit, etwas für alle Menschen
dieser Welt zu verändern!!! Nachhaltiger
als Greta Thunberg. Da wir es in
UNSEREM LEBEN und unserem Umfeld
tun werden. So haben wir Zugriff auf alle
lieben Mitbewohner in unserem Leben
und um uns herum. Den können wir, wie
bei einem Erstklässler direkt an die Hand
nehmen und ihm beibringen – ISS KEINEN
GELBEN SCHNEE. I, Pfui, Bäh. Das gilt
dann auch für alle anderen Bereiche.

Nun habe ich ja auf die Politiker und Wirtschaftsbosse feste draufgehauen. Ich will dem Showbusiness indes nicht den Rücken kehren. Auch sie haben Potential zur Satire.

Es heißt, aus dem Gras heraus hörend, dass es Showleute gibt, welche sich einer der wichtigen Lebensfragen stellen müssen.

„Bin ich jetzt der Mann im Haus oder habe ich in meinem Haus auch nichts zu sagen!" Ich kann da nur trösten. Manche Frauen sind wie Hurrikan`s. Sie kommen „ohne etwas" an und beim Gehen ist das Haus weg. In gut sortierten Reitergeschäften ist es aber möglich eine dem Pferd entsprechende Peitsche zu erwerben. Bloß wenn man auf dem Hintern der Stute herum haut, wird auch nicht der Galopper des Jahres geboren. Feingefühl und Sinn für das Pferd, respektive Stute, haben schon manchen Gaul vor dem Abdecker bewahrt. Oder Mann fährt nach Pamplona mit einem Teller im Gepäck. In der Arena des Lebens kann der Mann dann selber entscheiden, ob er lieber Stierhoden am Abend auf dem Teller haben will. Sonst könnte es passieren, dass es nur die „klein Bissen Variante" des eigenen ICH`s werden würde! Guten Appetit!

Sie sehen, das Leben in seinen Facetten macht vor keinem Halt. Es geht immer darum. Mit der eigenen Würde richtig umzugehen. Männer lassen sich das Brot gern beschmieren. Doch sollten sie auch den MUMM haben, die Wurst selbst auszusuchen und die Butter mit Würze zu verfeinern. Sinnbilder sind nichts für Träumer. Sondern im Sinnbild ist der Anstoß schon vorgegeben, mit dem Hirn einer neuen Theorie den Raum zur Entfaltung zu geben. Mit all seiner Macht und Konsequenz. Ich kann nur Diejenigen bewundern, welche das Geld horten und keinen Frohsinn im Leben haben – es nicht zur Meisterschaft als SINNBILD – der Versteherei gebracht haben. Ob die heilige Schrift oder das Buddhistentum, Das Judentum durch die Gleichnisse Jesu Christi – ist es doch ganz einfach zu erkennen – faul sein und Moneten horten, wird mir nichts bringen. Das Unglück meiner Seele ist schon vorprogrammiert.

Nun muss ich doch in der Zeitung vom Freitag dem 06.09.2019 lesen, dass man den „Jesus Christus des Glaubens" statt mit einem Esel, mit einem E – Roller fahren lassen will. Ob nun einem Stück oder den Oberammergauer Festspielen – egal – wer sich da einen Moment der Gedankenlosigkeit erlaubt hat,

wird dies bitter bereuen.

ES IST EIN FREVEL!

Denn es ist das SELBE - Jesus auf einen E-Roller zu setzen, wie den Geboten gemäß gegenüber Gott zu lästern.

Es ist ein Gebot der Stunde zu mahnen, dass wer Tiere schützen will, erst einmal sich mit den Tieren wirklich auseinander setzen sollte. Diese Stadt – Tierschützer haben in ihren Kindertagen auch geglaubt alle Kühe wären blau, wegen der MILKA KUH der Werbung. Ja, geht`s denn noch. Entsetzen in meinem Innersten wühlt mein Herz um und rum. Tiere wurden von den Menschen der Urzeit gejagt, um zu essen und zu überleben. Der Wolf wurde domestiziert, wegen des Schutzes gegen die Wildnis und einen tierischen Freund.

Idiotisch – vor dem Wolf haben alle Menschen Angst, doch das kleine Welpen-Wollknäuel wollen sie schon. DER HUND ist auch nur ein Wolf. Sowie der Mensch zu 95 % mit den Genen des Affen-Schimpansen übereinstimmen.
Wenn die Menschen nicht begreifen, dass es mit den Tieren sich in ein tolles Verhältnis entwickeln muss, werden wir nur mühsam überleben. Alle Tiere dienen

uns zu einem Gemeinschaftssinn. Aber sie dienen uns auch zur Nahrung. Es ist eine falsche Annahme, mit Pflanzennahrung und nur Veganer Ernährung - 8 Milliarden Menschen zu füttern. Ja – dem Körper eine Auszeit von tierischen Fetten und Eiweißen zu gönnen ist es fantastisch. Lassen wir den Menschenhalt ihre freie Wahl sich zu ernähren und sich dadurch in ihrem Körper Pudelwohl zu fühlen. Der Körper braucht Fleisch und Pflanzen im Gleichgewicht.

Nur unser GEHIRN für seine Genesung und Heilung der Seele, sowie zum Zusammenfinden der Synapsen. Die Synapsen unseres Gehirns sind das wichtigste Bindeglied unseres Geistes.

Wenn ein Alkoholiker mit der Trinkerei, oder dem massenhaften Saufen aufhört, passiert im Kopf etwas Seltsames.

Die Synapsen werden in den nächsten 3 Jahren sich stetig aufeinander zu bewegen. Der Alkohol trennte sie. Nun wachsen sie wieder zusammen. Das ermöglicht uns, einen neuen geistigen Entwicklungsweg zu gehen. Es ist ein Wunder wie sehr unser Körper auf die Möglichkeit des „freien Lebens" positiv reagiert.

1914 bis 1918 trennte die Welt der 1. Weltkrieg. 1939 bis 1945 kam der II. Weltkrieg und in der Folge wurde die Welt in Ost und West getrennt. Wirtschaftskrisen, politische Auseinandersetzungen mit den Menschen im Wohnraum, in der kapitalen Wirtschaft oder dem Menschen zu Menschen unter sich, haben eine Spaltung der Welt gefördert. Bei genauer Betrachtung ist es aber eine Teilung der WELTKUGEL in Ost und West.

Jetzt 2019 muss eine neue Zeit anfangen, um diesen „dummen" Handelskrieg weder China / USA, noch in den Welten des ehemaligen kalten Krieges zu zulassen.

Jetzt ist die Zeit sich im Kopf einmal die Weltkugel vorzustellen, bei der allen Menschen klar wird, dass es die Nord + Süd Halbkugel gibt, mit sehr großen menschlichen und Wirtschaftsproblemen.

Die Südhalbkugel der Welt ist NICHT der Menschen-, Sklaven-, Diamanten-, Rohstoff – Ausbeutungsmarkt der Welt!!! Schon gar nicht ein Selbstbedienungsladen.

JETZT IST DER ZEITPUNKT – RECHTS scharf abzubiegen. Das hat nichts mit einer braunen Haltung, sondern mit der Möglichkeit zu tun, auf dem frischen, glatten Asphalt, den eigenen Weg zu gehen. Doch der „eigene" Weg ist nichts für Feiglinge in diesem Leben.
Asien im Süden, Südamerika, Afrika, und den „menschlichen Idioten der Wirtschaft für Antarktis – Bohrungen" gleich den Stift ziehen. Dummheit ist wirklich keine Krankheit, sondern eine „menschliche" Einstellung.

Jeder Mensch ist ein wichtiger Zeuge unserer Anwesenheit in unserer Geschichte.

Eine Mauer trennte Deutschland 26 lang. Trump will wieder eine Mauer bauen. Bei USA und MEXIKO.

Wenn Trump unbedingt eine Mauer haben will, so kann ich nur empfehlen, ihn in eine „psychische Anstalt" zu bringen, denn da haben SIE Mauer nur für IHN alleine satt.

LASST DIE KINDER... ist eine Aussage der Bibel.

<u>Lasst die Menschen zusammen leben</u>, so wie SIE es wollen, ist meine Aussage und meine Wunsch für die Zukunft unserer Welt. Die Sonne und die Milchstrasse lacht sich über uns doch kaputt. Jedes ALIEN Wesen muss sich schämen, denn

so blöd wie wir uns anstellen, kann sich keine Andere Spezies anstellen.

Ich zeige Ihnen ein einfaches Beispiel:

<u>Der Schimpansen – AFFE</u> zieht mit seiner Horde in eine neues Stück Urwald. Sofern noch etwas vorhanden ist. Ein AFFE nimmt nur zwei Bananen für den Tag den er gerade lebt. <u>DER MENSCH</u> – würde mit seinem EGO die ganze Staude mitnehmen, um alles für sich allein zu sichern. Ergebnis ist: Affe hat Morgen auch noch Bananen für sich und seine Liebsten. MENSCH hungert schon morgen für sich hin, da er wieder nicht weiter gedacht hat – wie seit Jahrtausenden seiner Existenz. Mit jedem Zentimeter – welcher der Mensch sich aufgerichtet hat

– schwand seine geistige Weitsichtigkeit gegenüber der Welt und seiner Natur. Auf diese sind wir alle angewiesen. Ob du in China oder Washington Quecksilber in das Wasser schüttest, ist das Wasser der Welt genauso vergiftet. Es dauert nur länger bis Trump es merken würde. Doch das macht nicht das Problem amerikanischer Präsidenten allein. Es ist das Problem dieser Welt, sie als Kugel zu begreifen. Auch unter Tschernobyl und Fukushima, drehen wir uns täglich einfach drunter durch.

Mensch – ist das ein toller Gedanke. Wir als zweibeiniges Geschöpf – von Gottes Gedanke und Jesu Christi Kraft initialisiert – bewohnen wir diesen Planeten. Doch nicht allein!

Schon wenn wir aus dem Haus treten, stehen wir im Hundehaufen als Erinnerung des Zusammenlebens MENSCH & TIER.

Frage an die Menschen?

Halten SIE sich eher für ein sensibles Wesen oder doch nur das TIER IN DIR!

Schreie nicht nein, wenn Deine Antwort eigentlich deine Seele auf der Zunge hat.

Du bist ein Tier, da alles vor Dir schon auf der Erde da war. AUßER DU.

Brüste dich also nicht mit deinem SEIN.

Liebe Frau.

Jetzt hast Du also das perfekte Werk (dieses Buch) vor Dir, um sich gegen die Männerwelt – gemäßigt – zu erheben.

Aber bitte nicht nach der me too Methode, Trumpigkeit,

Falschheit, Rachegelüsten oder Stumpfsinn. Nein benutze dein neues Wissen über die Eierträger mit Klugheit einer schönen Bauerstochter. Die sind schon in den Märchen berühmt geworden. Warum solltest du nicht auch darüber verfügen? Es ist schnell blödes Zeug geredet. Doch auch die „Klemme" im Mund, kann ein gesprochenes Wort nicht zurücknehmen. Der Affe macht zwar nur „UH" UH" „UH" aber er sagt mehr als DU. Es ist sein Gefühl, was seine Mimik prägt. Schade eigentlich, wenn ein Affe mehr ausdrücken kann, als ein Zweibeiniger der sich „König der Welt" nennt.

Frauen und Männer unserer Zeit.
Seit nicht wütend über mich und meine Worte. Ärgert Euch darüber, dass IHR mit

Eurem Verhalten, Auftreten und Eurer Persönlichkeit, mir oder anderen Schreibern erst den Stoff für solche Bücher liefert. Wir sind es nicht, die sich am Hintern kratzen und dann ein Buch drüber schreiben. IHR Männer und Frauen des ALLTAGS seid der Pool der Ideen.

Unbeobachtet glaubt ihr durch das Leben zu gehen. Es ist nicht Facebook, Instagram, oder andere soziale Netzwerke. NEIN – es ist der Mitmensch, welcher Euch ganz genau beobachtet und charakterisiert. Was dabei herauskommt, sehr ihr an diesem Buch. BiG BROTHER – ha ha ha. Die versteckte Kamera des Lebens füllt ihr mit einer Art – das der Sardine in der Dose sich die Schuppen krausen würden. Und ihr merkt es Tag für

Tag NICHT. Was soll Ich und Andere da machen. Wir verwenden natürlich die Steilvorlagen der Menschen für unsere Arbeit. Sonst wären wir ja schlechter als die Gag Schreiber. Auch die schauen nur hin. Ganz ohne Lupe der Gesellschaft wird es nie gehen. Heute nennen wir das „parlamentarische Gerechtigkeit" und „parlamentarische Demokratie" ich lache mal herzlich. Alles funktioniert so, wie es die Politik uns einredet. Und alle glauben denen. Der Wert eines Angestellten und Arbeiters in Deutschland ergibt sich aus seiner Arbeit und Leistung pro Stunde. Was kostet dann das SIMSEN einer Kanzlerin im Bundestag? Welchen Wert hätte dies denn dann? 15.000 € im Monat bestimmt nicht. Doch jeder Gewerkschaftsboss bekommt in seiner

Abrechnung im Monat gerade mehr, als viele Mitglieder zusammen. Wie soll da die Augenhöhe der Arbeitsvertreter gerecht sein, wenn doch der schnöde Mammon vorgibt, ob sie was zu sagen haben oder nicht? 10 bis 20 € kann ein Mensch im Durchschnitt heute so verdienen. Frauen gleich mal 1/3 weniger. WARUM? Damit die starken Männer sich überlegen fühlen können?

Schon bei einer Kindersendung „Wicki" war es der schmächtige Junge, mit den guten Ideen für das „Heil rauskommen". Heute ist es mit unseren Gemahlinnen etwa genauso. Blöde Wiederholung der Zeitschleifen!

Gelt?

Muskeln, Masse, Eleganz, Kraft, Stolz!

**Fängt doch gut an - der Satz. Oder?
Welcher Traummann verbirgt sich denn
hinter diesen wohlklingenden Attributen?**

**Es ist kein Mann. Es ist nur ein kastrierter
Stier, welcher sich im Körper schieben
mit einem anderen Bullen misst. In der
Hoffnung zu gewinnen. Da dies seinen
Gewinn und das Leben verlängert.
Die Japaner schwören und wetten drauf.**

**Vielleicht liebe Frauen, solltet Ihr eure
Männer auch einmal in den Ring zum
Eierschieben schicken. Dann kämen sie
müde zurück. Die Lust wäre erträglich.
Der Müllbeutel – Rausbringer zufrieden
mit der leichten Aufgabe. Die Welt hätte**

wieder ein paar Friedenstauben mehr gezüchtet. Sie sind doch eigentlich sehr umgänglich – diese haarigen Biester aus „Charly`s Tante". Wäre halt ihr Protz Potential nicht so genetisch unänderbar.

Ja die Neandertaler der 21. Jahrhunderts geben sich in all ihrem Tun wirklich Mühe. Um auch jedes Fettnäpfchen des Lebens mit zunehmen. Sonst wären sie ja nicht das – was SIE sind. Männer. Gibt es eigentlich in anderen Sprachen vielleicht eine Übersetzung – welche diesen 2 Beinen mehr entsprechen würde?
Ich muss da recherchieren. Spanisch könnte da gut sein oder Latein.
„DER MANN – DAS FELL – zwischen den Beinen – Rest von urwüchsiger Kraft. Doch nur eine kleine Taschenuhr?

Hier kommt die Wahrheit über die Männer!

Sie wurden geboren, verhätschelt und ihnen wurde so oft gesagt, wie sie sein sollen, dass kein Platz für individuelle Entwicklung zur Verfügung stand. Das männliche Gehirn ist groß. Doch es kommt erst später in Trab. Da sind die Mädchen schon durch. Umso länger entwickelt sich die Faltung des Teiles Hirn sehr ausgeprägt. Jede Frau kann stolz sein, wenn sie einen Mann gefunden hat, der zuhört, nachdenkt, mitfühlt, sie umsorgt und ein MENSCH ist. Es gibt sie Frauen – ihr wollt halt nur den reichen Snob haben.

Hier kommt die Wahrheit über die Frauen!

Ihnen wird die Schwäche ihres Körpers schon in die Wiege gelegt. So muss das Wesen mit dem knackigen Arsch und dem Traumbusen ja verkümmern. Wo soll da die Faltung des Gehirnes einsetzen. Da setzt eher die Faltung zwischen den Falten ein. Das wollen wir doch nicht.

Wenn es eine göttliche Macht gab bei der Schöpfung – dann DANKE!
Frauen sind schön, klug, und von einer wahrhaften Intelligenz umgeben.
DAS IST DIE WAHRHEIT.
Nicht das was wir sehen, ist intelligent. Sondern was in ihrer Hülle verborgen ruht. Nein nicht zwischen den Beinen ihr Ferkel. In ihrem Wesen ist veranlagt, so einen Bub wie Donald Trump zu gebären – ihn zu lieben wie Putin – ihn aufzuziehen

wie Erdogan – ohne den Verstand zu verlieren. Dafür gilt es ihnen den VOLLSTEN Respekt zu zollen. Bravo.
Kinder:
Die Wahrheit über unsere Kinder!

Kinder sind das Ergebnis einer sehr potenten Lende – eines eierschiebenden Stieres – und der Angst - einen kleinen Kim Jong Un zu gebären. Der Mann prescht in seinem Liebeswahn ackernd durch die Furche und glaubt: „ICH BIN DER GRÖßTE!" Just in diesem Moment flutscht der Zwerg auch schon aus dem Paradies.
Ein Riese hat im Zwergenland nichts verloren! Auch wenn das Zwergenland in einer großen, großen Höhle mit Vulkanheizung liegt. Das tropische Klima

mancher, feuchter Höhle ist heute noch Thema ganzer Doktorarbeiten. Fragt sich nur: Doktor, Dein Wasserfall klemmt!

Im Ernst es ist wirklich Zeit, einen Blick auf unseren Nachwuchs zu werfen.

Unsere Kinder sind unsere Zukunft.

Wie behandeln wir unsere Zukunft?

Manche schlagen sie – manche mißbrauchen sie – manche behandeln Mädchen in anderen Glaubenskulturen wie Dreck?

Kein Glaube, keine Religion, keine politische Auffassung dieser Erde darf sich ANMAßEN: JA – DAS IST BEI UNS SO.

Egal welcher göttlichen Macht diese Gedanken entsprungen sein mögen - sie sind am Ende nur das WERK teuflischer Männer, welche die Unterdrückung anderer Menschen suchen. Dann halt mit diesen Mitteln. In vielen Gebieten unserer Erde kann ich es ja nur so verstehen, dass die führenden Häupter ja noch in ein Loch im Boden sch.... Aber von der Ganzheit der Welt keine Ahnung haben. Woher auch?

- Grün zeigt sich die Erde aus dem All.
- Blau schimmert das Meer in all seinen Facetten.
- Kinder sind die Blumen unseres Lebens in all unseren verschiedenen Kulturen der Kontinente.
- Vielfalt hat die Evolution hervor gebracht.

Keines ist wie das Andere. Da ist eine Gnade der Natur. Sie lehrt uns die Vielfalt

– und wir zerstören sie. Nur um Edelsteinen oder Gold, Silber, Platin zu besitzen. Essen kann man es nicht.

EIN BILD:
Reiche Frau häufte sich ihr ganzes Leben lang, Brillanten, Gold und Platinschmuck an. Nun glänzt sie in der Sonne wie die Sphinx. Sie steigt in ihren warmen Pool. Nackig gleich und nur mit Gold behangen.
Ein Schritt noch!
Gluck, Gluck, Gluck weg ist SIE!
Der Abtrieb des Schmucks war größer als ihr Auftrieb. Hals nicht vollgekriegt – vom Gold – dann halt eben mit Wasser!

Die Dino - Pisse ist über alle Maßen den Gezeiten dieser Welt überlegen.
Man haben wir noch viel zu überlegen.

Ich bekomme jetzt schon Angst, wenn ich an all die Überlegungen unserer Menschheit denke, welche zu überarbeiten sind.

Menschen, die Ihr Euch durch diese Satire gelesen habt. Ich beglückwünsche Euch zu Eurer Ausdauer. 50 Lebensjahre habe ich gebraucht, um all diese Gedanken der Satire in meinem Kopf zu sammeln. Dies allein hätte aber nicht gereicht. Ich musste es auch zu einem Buch zusammenfassen, welches der neugierige Leser auch lesen will. Sonst hätte ich auch die Bildzeitung kopieren und hinein drucken können. Respekt gehört wieder in unsere Zeit.

Unsere Kinder müssen wieder lernen, dass der Lehrer eine Person ist, welcher mit Fleiß und Achtung seine Ausbildung absolviert hat. Der Schüler im Gegenüber mit seinen Lehrern muss sich einer Wandlung in seiner Körpersprache unterziehen, um dem allgemeinen Lehrer mit Achtung zu begegnen. Auch von dem Zöglingsschüler aus dem „feinen" Haus. Selbst der Kaiser geht nur zu Fuß zum Häusl der Schmerzen und Qualen.

Also liebe Erwachsene - Menschen sorgt einfach wieder mehr für Eure Kinder.
Ja – es sind Eure Kinder und nicht die Kinder des Arbeitgebers, des Gefängnisses, der Kindertagesstätte, des Schullandheimes oder des Erziehungsheimes.
ES SIND EURE KINDER!
Beim Machen - wart ihr nicht so sorglos mit euren Gedanken dabei. 30 Sekunden

gehen aber auch schnell ins Land. Oh Verzeihung ich wollte nicht unhöflich sein. Mit einem ordentlichen Vorspiel bringt ihr es auf garantiert 2,5 Minuten. Ola Stier – Viagra – Finale - Pigalle.

Es geht gerade ein Ruck um unsere Welt. Ich hoffe es ist kein Rechtsruck der Kontinente noch der freien Gedanken. „MICH GEHT DAS NICHTS AN – ICH HALTE MICH RAUS!" Bis der Stiefel eines braunen Herren wieder auch an DEINE Tür tritt, um Einlass zu gewähren. Von 1939 bis heute waren es nur 81 Jahre und Zwei Weltanschauungen, der Welt und vielen Tieren das Aussterben fast zu ermöglichen. Dich geht das nichts an? Mehr denn je ist unser Auge gefragt.

Mehr denn je reift eine WUT in den Menschen die sich entladen kann. Der Fußtritt in meinen Vordermann oder die Hacksen ist ein einfacher Anfang. Er symbolisiert uns aber auch, wie tief wir schon wieder gesunken sind. Mag es gut gehen, mögen wir am Ende wieder von ALLEM nichts gewusst haben, diesmal kommen wir nicht mit einem blauen Auge und Zahnschmerzen davon. Diesmal werden wir mit unser aller Sein bluten. Die WURZEL DES BÖSEN ist der Kleingeist. DER NEID, DAS EGO oder unser einfaches UN SELBST BEWUSST SEIN! Wie doch die Bedeutungen in uns eindringen, wenn wir es auseinandernehmen.

Sie haben Angst vor Spinnen?

Warum denn nur?

Die fressen das an Tieren, was ihr Körper so übrig lässt im Schlaf. Vielmehr dies, was ihr Körper so anzieht, wenn er sich auszieht. Schweiß, Tränen, Feuchtigkeit sind das Paradies für unser Innenleben. Hei wird das eine Party für unseren inneren Körper, wenn das Herz seinen letzten Schlag gemacht nach 3 Milliarden mal Pumpen.

Endlich Ruhe!

Happy Party Time es geht jetzt erst richtig los.

Not Ruf !!!

Geht es dem Menschen nicht gut, so geht er 16 Wochen in eine Therapie.

16 Wochen x 7 Tage = 112 Notruf Mensch

<u>Not ruft ERDE!</u>

Es kommt kein gelb - grünes Männchen wie der ADAC und schleppt uns in die Milchstraßen – Reparatur – Werkstatt.

Erde bleibt kaputt in der Ecke liegen bis sie in 10 Milliarden Jahren von der Sonne – roter Riese - mit aufgefressen wird. Die rote Spinne frisst alles. Im Haus die Milben. Im All unsere Erde.
Das große Ding, spiegelt sich im kleinen Drama des Schlafzimmers wieder.

Alles war irgendwie schon einmal da. Die Mode, die Ideen der ´68er, die Möglichkeiten der Industrie, die Un - Möglichkeiten der Atome, die

Kurzsichtigkeit der Menschen, die schrecklichen Verfärbungen menschlichen Geistes. Das helle Sonnenlicht, wird von der schwarzen Scheibe des Mondes verdeckt. Sonnenfinsternis! Blaues Meer und rote Lava gibt neuen Raum, für neues Leben. So mischt sich das „ALTE" mit dem „NEUEN" der heutigen Zeit.

Haben Sie heute schon eine Aufgabe bekommen? Haben sie die Aufgabe auch gewissenhaft erledigt? Nein! Schade! Dann hat sie die AUF GABE eingeholt! Die AUF GABE von sich und ihren Bestrebungen, alles besser zu machen, als Sie´s von Ihren Großeltern, Eltern, Geschwistern, Freunden, Familien immer angezeigt bekommen haben...

Und nun...AUF GABE ...ihres eigentlichen
Wollens.

WUT kommt dann noch dazu.
Wozu schufte ich eigentlich den ganzen
Tag, wenn am Monatsende nicht mehr
rauskommt und übrig bleibt?

Nein, mein Freund so einfach ist die
Lösung nicht zu bekommen. Ich verrate
Dir ein Geheimnis meines Erfolges.

Ich habe <u>W</u>UT hergenommen.
Ich habe das <u>W</u> umgedreht.
Ich habe <u>M</u>UT. So wird es gemacht.
Mit einem MUT der grenzenlos ist, habe
ich meine 8 Bücher geschrieben. Mit
einem MUT der alles überdeckt – schon
gar meine Unvollkommenheit, gehe ich

über die Grenzen der Satire und des
mentalen Geistes hinaus. Mit meinem
MUT habe ich auch DIR gerade das
Kissen in den Hintern gestoßen.
Jetzt bist DU wach, frisch,
aufnahmebereit.

DU gehst los und fängst an zu überlegen!
Was kann ich gut?
Was macht mir Freude?
Wo bin ich geschickt?
Wer braucht mich wirklich?
Welchen Preis kann ich für meine Idee
verlangen?
Ein Geschäftsmann ist geboren!
DU bleibe stehen und verschnauf Dich
erst einmal. Nicht Marathon ist das Ziel.
Sondern gesund ankommen ist die
Devise. „Mensch hat Pulver schnell

verschossen, Hase hat nur kurz genossen" Donegel Smith.

Mit all deiner Kraft ist es gut, jetzt in die Ruhephase deines neuen SEINS einzutauchen. Konzentration. Was Du jetzt brauchst, ist ein Konzept. Jedes Konzept ist gut, sofort auf einen Zettel zu notieren. So fängt jedes Projekt auch bei mir an. Du kannst <u>nicht alles behalten, aber alles ganz schnell vergessen.</u> Deine Ideen und Konzepte müssen jetzt in Deinem Kopf ineinander greifen.

WAS TUE ICH ZUERST?

Gar nichts, wenn du in Dir drin es nicht spürst. Hast du kein Gefühl dazu. Vergiss alles. Lass es sein. Dein Körper und dein Geist müssen harmonieren. Sonst zerreißt es deine Seele.

Dann gehe laufen, bis zum Horizont deines Tages und der Kopf keinen Gedanken mehr behalten hat. Sprich mit dir selbst und deinen Gedanken in der Natur „frei" aus. Sage Dir ich werde ein großes Ding aufziehen und ich bin ein Gewinner meines neuen Lebens. Selbstgespräche sind kein „irres" Zeug. Sie fördern deine Aussprache, dein Selbstbewusstsein, Deine Haltung und Überzeugung. Gehe zu Deinem Chef mit einem Thema und überzeuge ihn davon, nachdem Du es vorher in der Natur geübt hast. Vergleiche deine Gedanken mit Training und ohne Training in der Selbstkommunikation. Sie macht uns reicher als Geld.

Behalte deine Pläne für Dich.
Dein Umfeld wird früh genug Wind vom
„neuen" Kerl kriegen.

Für deine Präsentationen im Leben,
wähle auch die Kleidung nach deinem
Sein. Nicht nach deiner Persönlichkeit.
Mit der Persönlichkeit würdest DU sonst
nur so sein, wie deine Personen im
gegenüber.

Sei du aber du selbst.

Finden wir einen Schluss für dieses
Buch, welchen niemand unberührt lassen
kann!

Mensch, der du aufgestanden bist, die Welt zu erforschen, den Mond zu erkunden, den Mount Everest zu besteigen – mit Seilschaft – oder auch ohne Sauerstoff. Das Atom zu spalten. Der Du unbewaffnete Tiere ausrottest, weil Du Dich für den Stärkeren hältst? Mensch Papa warum schlägst Du im Suff deine Frau, meine Mutter, mich oder meine Freunde? Mensch, Trump warum verstehst Du uns Menschen in Mexico und der ganzen Welt nicht?

<u>All diese Fragen machen uns Angst!</u>

Doch die größte „ANGST" aller Menschen ist es, dabei erwischt zu werden, wie SIE eine „*<u>TRÄNE DER MENSCHLICHKEIT</u>*" vergießen.

Euer Donegel Smith

DONEGEL SMITH

- geboren 1969
- verheiratet mit der Schriftstellerin von „Herzdideldumdei"
- freier, selbständiger Schriftsteller
- geprüfter Kaufmann
-Lyriker der „Frankfurter Bibliothek"
- 40 Jahre Ornithologe

-Ich bin, ein Schriftsteller & Kabinettmaler.
-Ich liebe, die Weite der Berge und der Seen.
-Washington, London, Paris sind meine Inspiration.
- Lieblingsbild - Jan Vermeer –„Dame mit Perle" 1660
-Besonders mag ich von Wyllie – „The Phantom Ship - 1889".
-Lyrik des 17. Jahrhunderts und 18. Jahrhunderts und besonders Goethes Paarreim lehrte mich schreiben / Goethehaus Weimar selbst besucht

-veröffentlichte Bücher :

Satire – Buch: „Mann, hast DU Eier! Gib mir die LUPE!" 2019
Kinderbuch: „Ratz, das Frettchen und seine Freunde im Wald" Nov 2018
Krimi: „RATTEN SCHARF", November 2017
Wirtschaftsweckruf: "HALLO, ist da WER?" Dezember2016
Wolfsroman: SILENT – THE NATURE IS BACK; Februar2016
SB: „ DER WANDERER" oder Maria Magdalena auf den Fersen"; August 2015
Erotikroman „McArthy – ein Teufelsweib?" Mai 2015
SB: „16 Wochen – 112 Dein persönlicher Notruf!" 2014